LES HEURES CLAIRES

Em. Verhaeren

Les heures claires

Bruxelles
chez l'Editeur
Edm. Deman
1896

O la splendeur de notre joie,
Tissée en or dans l'air de soie !

Voici la maison douce et son pignon léger,
Et le jardin et le verger.

Voici le banc, sous les pommiers
D'où s'effeuille le printemps blanc,
A pétales frôlants et lents.
Voici des vols de lumineux ramiers
Plânant, ainsi que des présages,
Dans le ciel clair du paysage.

Voici — pareils à des baisers tombés sur terre
De la bouche du frêle azur —
Deux bleus étangs simples et purs,
Bordés naïvement de fleurs involontaires.

O la splendeur de notre joie et de nous-mêmes,
En ce jardin où nous vivons de nos emblèmes !

Là-bas, de lentes formes passent,
Sont-ce nos deux âmes qui se délassent,
Au long des bois et des terrasses ?

Sont-ce tes seins, sont-ce tes yeux
Ces deux fleurs d'or harmonieux ?
Et ces herbes — on dirait des plumages
Mouillés dans la source qu'ils plissent —
Sont-ce tes cheveux frais et lisses ?

Certes, aucun abri ne vaut le clair verger,
Ni la maison au toit léger,
Ni ce jardin, où le ciel trame
Ce climat cher à nos deux âmes.

Quoique nous le voyions fleurir devant nos yeux,
Ce jardin clair où nous passons silencieux,
C'est plus encore en nous que se féconde
Le plus joyeux et le plus doux jardin du monde.

Car nous vivons toutes les fleurs,
Toutes les herbes, toutes les palmes
En nos rires et en nos pleurs
De bonheur pur et calme.

9

Car nous vivons toutes les transparences
De l'étang bleu qui reflète l'exubérance
Des roses d'or et des grands lys vermeils :
Bouches et lèvres de soleil.

Car nous vivons toute la joie
Dardée en cris de fête et de printemps,
En nos aveux, où se côtoient
Les mots fervents et exaltants.

Oh! dis, c'est bien en nous que se féconde
Le plus joyeux et clair jardin du monde.

Ce chapiteau barbare, où des monstres se tordent,
Soudés entre eux, à coups de griffes et de dents,
En un tumulte fou de sang, de cris ardents,
De blessures et de gueules qui s'entre-mordent,
C'était moi-même, avant que tu fusses la mienne,
O toi la neuve, ô toi l'ancienne !
Qui vins à moi des loins d'éternité,
Avec, entre tes mains, l'ardeur et ta bonté.

12

Je sens en toi les mêmes choses très profondes
Qu'en moi-même dormir
Et notre soif de souvenir
Boire l'écho, où nos passés se correspondent.

Nos yeux ont dû pleurer aux mêmes heures,
Sans le savoir, pendant l'enfance ;
Avoir mêmes effrois, mêmes bonheurs,
Mêmes éclairs de confiance :
Car je te suis lié par l'inconnu
Qui me fixait, jadis, au fond des avenues
Par où passait ma vie aventurière,
Et, certes, si j'avais regardé mieux,
J'aurais pu voir s'ouvrir tes yeux
Depuis longtemps en ses paupières.

Le ciel en nuit s'est déplié
Et la lune semble veiller
Sur le silence endormi.

Tout est si pur et clair,
Tout est si pur et si pâle dans l'air
Et sur les lacs du paysage ami,
Qu'elle angoisse, la goutte d'eau
Qui tombe d'un roseau
Et tinte et puis se tait dans l'eau.

13

Mais j'ai les mains entre les miennes
Et les yeux sûrs, qui me retiennent,
De leurs ferveurs, si doucement ;
Et je le sens si bien en paix de toute chose,
Que rien, pas même un fugitif soupçon de crainte,
Ne troublera, fût-ce un moment,
La confiance sainte
Qui dort en nous comme un enfant repose.

Chaque heure, où je pense à la bonté
Si simplement profonde,
Je me confonds en prières vers toi.

Je suis venu si tard
Vers la douceur de ton regard
Et de si loin, vers tes deux mains tendues,
Tranquillement, par à travers les étendues !

15

J'avais en moi tant de rouille tenace
Qui me rongeait, à dents rapaces,
La confiance ;

J'étais si lourd, j'étais si las,
J'étais si vieux de méfiance,
J'étais si lourd, j'étais si las
Du vain chemin de tous mes pas.

Je méritais si peu la merveilleuse joie
De voir tes pieds illuminer ma voie,
Que j'en reste tremblant encore et presqu'en pleurs,
Et humble, à tout jamais, en face du bonheur.

Tu arbores parfois cette grâce bénigne
Du matinal jardin tranquille et sinueux
Qui déroule, là-bas, parmi les lointains bleus,
Ses doux chemins courbés en cols de cygne.

Et, d'autres fois, tu m'es le frisson clair
Du vent rapide et miroitant
Qui passe, avec ses doigts d'éclair,
Dans les crins d'eau de l'étang blanc.

17

Au bon toucher de tes deux mains,
Je sens comme des feuilles
Me doucement frôler ;
Que midi brûle le jardin,
Les ombres, aussitôt, recueillent
Les paroles chères dont ton être a tremblé.

Chaque moment me semble, grâce à toi,
Passer ainsi divinement en moi.
Aussi, quand l'heure vient de la nuit blême,
Où tu te cèles en toi-même,
En refermant les yeux,
Sens-tu mon doux regard dévotieux,
Plus humble et long qu'une prière,
Remercier le tien sous tes closes paupières ?

Oh! laisse frapper à la porte
La main qui passe avec ses doigts futiles ;
Notre heure est si unique, et le reste qu'importe,
Le reste, avec ses doigts futiles.

Laisse passer, par le chemin,
La triste et fatigante joie,
Avec ses crécelles en mains.

Laisse monter, laisse bruire
Et s'en aller le rire ;

19

Laisse passer la foule et ses milliers de voix.

L'instant est si beau de lumière,
Dans le jardin, autour de nous,
L'instant est si rare de lumière trémière,
Dans notre cœur, au fond de nous.

Tout nous prêche de n'attendre plus rien
De ce qui vient ou passe,
Avec des chansons lasses
Et des bras las par les chemins.

Et de rester les doux qui bénissons le jour,
Même devant la nuit d'ombre barricadée,
Aimant en nous, par dessus tout, l'idée
Que bellement nous nous faisons de notre amour.

Comme aux âges naïfs, je t'ai donné mon cœur,
Ainsi qu'une ample fleur
Qui s'ouvre, au clair de la rosée ;
Entre ses plis frêles, ma bouche s'est posée.

La fleur, je la cueillis au pré des fleurs en flamme ;
Ne lui dis rien : car la parole entre nous deux
Serait banale, et tous les mots sont hasardeux.
C'est à travers les yeux que l'âme écoute une âme.

21

La fleur qui est mon cœur et mon aveu,
Tout simplement, à tes lèvres confie
Qu'elle est loyale et claire et bonne, et qu'on se fie
Au vierge amour, comme un enfant se fie à Dieu.

Laissons l'esprit fleurir sur les collines,
En de capricieux chemins de vanité ;
Et faisons simple accueil à la sincérité
Qui tient nos deux cœurs clairs, en ses mains cristallines ;
Et rien n'est beau comme une confession d'âmes,
L'une à l'autre, le soir, lorsque la flamme
Des incomptables diamants
Brûle, comme autant d'yeux
Silencieux,
Le silence des firmaments.

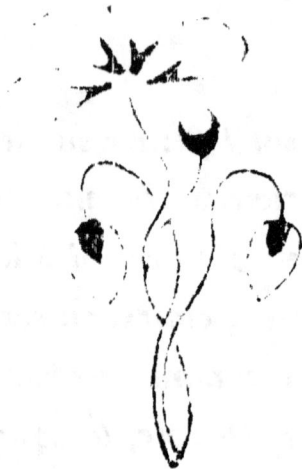

Le printemps jeune et bénévole
Qui vêt le jardin de beauté
Elucide nos voix et nos paroles
Et les trempe dans sa limpidité.

La brise et les lèvres des feuilles
Babillent — et effeuillent
En nous les syllabes de leur clarté.

23

Mais le meilleur de nous se gare
Et fuit les mots matériels ;
Un simple et doux élan muet
Mieux que tout verbe amarre
Notre bonheur à son vrai ciel :
Celui de ton âme, à deux genoux,
Tout simplement, devant la mienne,
Et de mon âme, à deux genoux,
Très doucement, devant la tienne.

Viens lentement t'asseoir
Près du parterre, dont le soir
Ferme les fleurs de tranquille lumière,
Laisse filtrer la grande nuit en toi :
Nous sommes trop heureux pour que sa mer d'effroi
Trouble notre prière.

Là-haut, le pur cristal des étoiles s'éclaire.
Voici le firmament plus net et translucide
Qu'un étang bleu ou qu'un vitrail d'abside ;
Et puis voici le ciel qui regarde à travers.

25

Les mille voix de l'énorme mystère
Parlent autour de toi.
Les mille lois de la nature entière
Bougent autour de toi,
Les arcs d'argent de l'invisible
Prennent ton âme et son élan pour cible,
Mais tu n'as peur, oh ! simple cœur,
Mais tu n'as peur, puisque ta foi
Est que toute la terre collabore
A cet amour que fit éclore
La vie et son mystère en toi.

Joins donc les mains tranquillement
Et doucement adore;
Un grand conseil de pureté
Et de divine intimité
Flotte, comme une étrange aurore,
Sous les minuits du firmament.

Combien elle est facilement ravie,
Avec ses yeux d'extase ignée,
Elle, la douce et résignée
Si simplement devant la vie.

Ce soir, comme un regard la surprenait fervente,
Et comme un mot la transportait
Au pur jardin de joie, où elle était
Tout à la fois reine et servante.

27

Humble d'elle, mais ardente de nous,
C'était à qui ploierait les deux genoux,
Pour recueillir le merveilleux bonheur
Qui, mutuel, nous débordait du cœur.

Nous écoutions se taire, en nous, la violence
De l'exaltant amour qu'emprisonnaient nos bras
Et le vivant silence
Dire des mots que nous ne savions pas.

Au temps où longuement j'avais souffert,
Où les heures m'étaient des pièges,
Tu m'apparus l'accueillante lumière
Qui luit, aux fenêtres, l'hiver,
Au fond des soirs, sur de la neige.

Ta clarté d'âme hospitalière
Frôla, sans le blesser, mon cœur,
Comme une main de tranquille chaleur;
Un espoir tiède, un mot clément,
Pénétrèrent en moi très lentement;

29

Puis vint la bonne confiance
Et la franchise et la tendresse et l'alliance,
Enfin, de nos deux mains amies,
Un soir de claire entente et de douce accalmie.

Depuis, bien que l'été ait succédé au gel,
En nous-mêmes et sous le ciel,
Dont les flammes éternisées
Pavoisent d'or tous les chemins de nos pensées,
Et que l'amour soit devenu la fleur immense,
Naissant du fier désir,
Qui, sans cesse, pour mieux encor grandir,
En notre cœur, se recommence,
Je regarde toujours la petite lumière
Qui me fut douce, la première.

Je ne détaille pas, ni quels nous sommes
L'un pour l'autre, ni les pourquois, ni les raisons :
Tout doute est mort, en ce jardin de floraisons
Qui s'ouvre en nous et hors de nous, si loin des hommes.

Je ne raisonne pas, et ne veux pas savoir,
Et rien ne troublera ce qui n'est que mystère
Et qu'élans doux et que ferveur involontaire
Et que tranquille essor vers nos parvis d'espoir.

31

Je te sens claire avant de te comprendre telle ;
Et c'est ma joie, infiniment,
De m'éprouver si doucement aimant,
Sans demander pourquoi ta voix m'appelle.

Soyons simples et bons — et que le jour
Nous soit tendresse et lumière servies,
Et laissons dire que la vie
N'est point faite pour un pareil amour.

A ces reines qui lentement descendent
Les escaliers en ors et fleurs de la légende,
Dans mon rêve, parfois, je t'apparie ;
Je te donne des noms qui se marient
A la clarté, à la splendeur et à la joie,
Et bruissent en syllabes de soie,
Au long des vers bâtis comme une estrade
Pour la danse des mots et leurs belles parades.

Mais combien vite on se lasse du jeu,
A te voir douce et profonde et si peu

Celle dont on enjolive les attitudes ;
Ton front si clair et pur et blanc de certitude,
Tes douces mains d'enfant en paix sur tes genoux,
Tes seins se soulevant au rythme de ton pouls
Qui bat comme ton cœur immense et ingénu,
Oh ! comme tout, hormis cela et ta prière,
Oh ! comme tout est pauvre et vain, hors la lumière
Qui me regarde et qui m'accueille en tes yeux nus.

Je dédie à tes pleurs, à ton sourire,
Mes plus douces pensées,
Celles que je te dis, celles aussi
Qui demeurent imprécisées
Et trop profondes pour les dire.

Je dédie à tes pleurs, à ton sourire
A toute ton âme, mon âme,
Avec ses pleurs et ses sourires
Et son baiser.

35

Vois-tu, l'aurore naît sur la terre effacée,
Des liens d'ombre semblent glisser
Et s'en aller, avec mélancolie ;
L'eau des étangs s'écoule et tamise son bruit,
L'herbe s'éclaire et les corolles se déplient,
Et les bois d'or se désenlacent de la nuit.

Oh ! dis, pouvoir un jour,
Entrer ainsi dans la pleine lumière ;
Oh ! dis, pouvoir, un jour
Avec toutes les fleurs de nos âmes trémières,
Sans plus aucun voile sur nous,
Sans plus aucun mystère en nous,
Oh dis, pouvoir, un jour,
Entrer à deux dans le lucide amour !

Je noie en tes deux yeux mon âme toute entière
  Et l'élan fou de cette âme éperdue,
Pour que, plongée en leur douceur et leur prière,
Plus claire et mieux trempée, elle me soit rendue.

    S'unir pour épurer son être,
Comme deux vitraux d'or en une même abside
  Croisent leurs feux différemment lucides
      Et se pénètrent !

37

Je suis parfois si lourd, si las,
D'être celui qui ne sait pas
Etre parfait, comme il se veut !
Mon cœur se bat contre ses vœux,
Mon cœur dont les plantes mauvaises,
Entre des rocs d'entêtement,
Dressent, sournoisement,
Leurs fleurs d'encre ou de braise ;
Mon cœur si faux, si vrai, selon les jours,
Mon cœur contradictoire,
Mon cœur exagéré toujours
De joie immense ou de crainte attentatoire.

Pour nous aimer des yeux,
Lavons nos deux regards, de ceux
Que nous avons croisés, par milliers, dans la vie
Mauvaise et asservie.

L'aube est en fleur et en rosée
Et en lumière tamisée
Très douce :
On croirait voir de molles plumes
D'argent et de soleil, à travers brumes,
Frôler et caresser, dans le jardin, les mousses.

Nos bleus et merveilleux étangs
Tremblent et s'animent d'or miroitant,
Des vols émeraudés, sous les arbres, circulent ;
Et la clarté, hors des chemins, des clos, des haies,
Balaie
La cendre humide, où traîne encor le crépuscule.

Au clos de notre amour, l'été se continue :
Un paon d'or, là-bas traverse une avenue ;
Des pétales pavoisent,
— Perles, émeraudes, turquoises —
L'uniforme sommeil des gazons verts ;
Nos étangs bleus luisent, couverts
Du baiser blanc des nénuphars de neige ;
Aux quinconces, nos groseillers font des cortèges ;

41

Un insecte de prisme irrite un cœur de fleur ;
De merveilleux sous-bois se jaspent de lueurs ;
Et, comme des bulles légères, mille abeilles
Sur des grappes d'argent, vibrent, au long des treilles.

L'air est si beau qu'il paraît chatoyant ;
Sous les midis profonds et radiants,
On dirait qu'il remue en roses de lumière ;
Tandis qu'au loin, les routes coutumières,
Telles de lents gestes qui s'allongent vermeils,
A l'horizon nacré, montent vers le soleil.

Certes, la robe en diamants du bel été
Ne vêt aucun jardin d'aussi pure clarté ;
Et c'est la joie unique éclose en nos deux âmes
Qui reconnaît sa vie en ces bouquets de flammes.

Que tes yeux clairs, tes yeux d'été,
Me soient, sur terre,
Les images de la bonté.

Laissons nos âmes embrasées
Exalter d'or chaque flamme de nos pensées.

Que mes deux mains contre ton cœur
Te soient, sur terre,
Les emblèmes de la douceur.

43

Vivons pareils à deux prières éperdues
L'une vers l'autre, à toute heure, tendues.

Que nos baisers sur nos bouches ravies
Nous soient sur terre,
Les symboles de notre vie.

Dis-moi. ma simple et ma tranquille amie,
Dis, combien l'absence, même d'un jour,
Attriste et attise l'amour
Et le réveille, en ses brûlures endormies.

Je m'en vais au devant de ceux
Qui reviennent des lointains merveilleux,
Où, dès l'aube, tu es allée;
Je m'assieds sous un arbre, au détour de l'allée,

45

Et, sur la route, épiant leur venue,
Je regarde et regarde, avec ferveur, leurs yeux
Encore clairs de t'avoir vue.

Et je voudrais baiser leurs doigts qui t'ont touchée,
Et leur crier des mots qu'ils ne comprendraient pas,
Et j'écoute longtemps se cadencer leurs pas
Vers l'ombre, où les vieux soirs tiennent la nuit penchée.

En ces heures où nous sommes perdus
Si loin de tout ce qui n'est pas nous-mêmes,
Quel sang lustral ou quel baptême
Baigne nos cœurs vers tout l'amour tendus ?

Joignant les mains, sans que l'on prie,
Tendant les bras, sans que l'on crie,
Mais adorant on ne sait quoi
De plus lointain et de plus pur que soi,
L'esprit fervent et ingénu,
Dites, comme on se fond, comme on se vit dans l'inconnu.

47

Comme on s'abîme en la présence
De ces heures de suprême existence,
Comme l'âme voudrait des cieux
Pour y chercher de nouveaux dieux,
Oh ! l'angoissante et merveilleuse joie
Et l'espérance audacieuse
D'être, un jour, à travers la mort même, la proie
De ces affres silencieuses.

Oh ! ce bonheur
· Si rare et si frêle parfois
Qu'il nous fait peur !

Nous avons beau taire nos voix,
Et nous faire comme une tente,
Avec tout·· ta chevelure,
Pour nous créer un abri sûr,
Souvent l'angoisse en nos âmes fermente.

49

Mais notre amour étant comme un ange à genoux,
Prie et supplie,
Que l'avenir donne à d'autres que nous
Même tendresse et même vie,
Pour que leur sort de notre sort ne soit jaloux.

Et puis, aux jours mauvais, quand les grands soirs
Illimitent, jusques au ciel, le désespoir,
Nous demandons pardon à la nuit qui s'enflamme
De la douceur de notre âme.

Vivons, dans notre amour et notre ardeur,
Vivons si hardiment nos plus belles pensées
Qu'elles s'entrelacent, harmonisées
A l'extase suprême et l'entière ferveur.

Parce qu'en nos âmes pareilles,
Quelque chose de plus sacré que nous
Et de plus pur et de plus grand s'éveille,
Joignons les mains pour l'adorer à travers nous.

51

Il n'importe que nous n'ayons que cris ou larmes
Pour humblement le définir,
Et que si rare et si puissant en soit le charme,
Qu'à le goûter, nos cœurs soient prêts à défaillir.

Restons quand même et pour toujours, les fous
De cet amour presqu'implacable,
Et les fervents, à deux genoux,
Du Dieu soudain qui règne en nous,
Si violent et si ardemment doux
Qu'il nous fait mal et nous accable.

Sitôt que nos bouches se touchent,
Nous nous sentons tant plus clairs de nous-mêmes
Que l'on dirait des Dieux qui s'aiment
Et qui s'unissent en nous-mêmes ;

Nous nous sentons le cœur si divinement frais
Et si renouvelé par leur lumière
Première
Que l'univers, sous leur clarté, nous apparaît.

53

La joie est à nos yeux l'unique fleur du monde
Qui se prodigue et se féconde,
Innombrable, sur nos routes d'en bas;
Comme là haut, par tas,
En des pays de soie où voyagent des voiles
Brille la fleur myriadaire des étoiles.

L'ordre nous éblouit, comme les feux, la cendre,
Tout nous éclaire et nous paraît : flambeau;
Nos plus simples mots ont un sens si beau
Que nous les répétons pour les sans cesse entendre.

Nous sommes les victorieux sublimes
Qui conquérons l'éternité,
Sans nul orgueil et sans songer au temps minime :
Et notre amour nous semble avoir toujours été.

Pour que rien de nous deux n'échappe à notre étreinte,
Si profonde qu'elle en est sainte
Et qu'à travers le corps même, l'amour soit clair,
Nous descendons ensemble au jardin de ta chair.

Tes seins sont là, ainsi que des offrandes,
Et tes deux mains me sont tendues ;
Et rien ne vaut la naïve provende
Des paroles dites et entendues.

L'ombre des rameaux blancs voyage
Parmi ta gorge et ton visage
Et tes cheveux dénouent leur floraison,
En guirlandes, sur les gazons.

La nuit est toute d'argent bleu,
La nuit est un beau lit silencieux,
La nuit douce, dont les brises vont, une à une,
Effeuiller les grands lys dardés au clair de lune.

Bien que déjà, ce soir,
L'automne
Laisse aux sentes et aux orées,
Comme des mains dorées,
Lentes, les feuilles choir;
Bien que déjà l'automne,
Ce soir, avec ses bras de vent,
Moissonne
Sur les rosiers fervents,
Les pétales et leur pâleur,
Ne laissons rien de nos deux âmes
Tomber soudain avec ces fleurs.

57

Mais tous les deux autour des flammes
De l'âtre en or du souvenir,
Mais tous les deux blottissons-nous,
Les mains au feu et les genoux.

Contre les deuils à craindre ou à venir,
Contre le temps qui fixe à toute ardeur sa fin,
Contre notre terreur, contre nous-mêmes, enfin,
Blottissons-nous. près du foyer,
Que la mémoire en nous fait flamboyer.

Et si l'automne obère
A grands pans d'ombre et d'orages plânants,
Les bois, les pelouses et les étangs,
Que sa douleur du moins n'altère
L'intérieur jardin tranquillisé,
Où s'unissent, dans la lumière,
Les pas égaux de nos pensées.

Le don du corps, lorsque l'âme est donnée
N'est rien que l'aboutissement
De deux tendresses entraînées
L'une vers l'autre, éperdûment.

Tu n'es heureuse de ta chair
Si simple, en sa beauté natale,
Que pour, avec ferveur, m'en faire
L'offre complète et l'aumône totale.

59

Et je me donne à toi, ne sachant rien
Sinon que je m'exalte à te connaître,
Toujours meilleure et plus pure peut-être
Depuis que ton doux corps offrit sa fête au mien.

L'amour, oh! qu'il nous soit la clairvoyance
Unique, et l'unique raison du cœur,
A nous, dont le plus fol bonheur
Est d'être fous de confiance.

Fût-il en nous une seule tendresse,
Une pensée, une joie, une promesse,
Qui n'allât, d'elle-même, au devant de nos pas ?

Fût-il une prière en secret entendue,
Dont nous n'ayons serré les mains tendues
Avec douceur, sur notre sein ?

Fût-il un seul appel, un seul dessein,
Un vœu tranquille ou violent
Dont nous n'ayons épanoui l'élan ?

Et, nous aimant ainsi,
Nos cœurs s'en sont allés, tels des apôtres,
Vers les doux cœurs timides et transis
Des autres :
Ils les ont conviés, par la pensée,
A se sentir aux nôtres fiancés,
A proclamer l'amour avec des ardeurs franches,
Comme un peuple de fleurs aime la même branche
Qui le suspend et le baigne dans le soleil ;
Et notre âme, comme agrandie, en cet éveil,
S'est mise à célébrer tout ce qui aime,
Magnifiant l'amour pour l'amour même,
Et à chérir, divinement, d'un désir fou,
Le monde entier qui se résume en nous.

Le beau jardin fleuri de flammes
Qui nous semblait le double ou le miroir,
Du jardin clair que nous portions dans l'âme,
Se cristallise en gel et or, ce soir.

Un grand silence blanc est descendu s'asseoir
Là-bas, aux horizons de marbre,
Vers où s'en vont, par défilés, les arbres
Avec leur ombre immense et bleue
Et régulière, à côté d'eux.

63

Aucun souffle de vent, aucune haleine.
Les grands voiles du froid,
Se déplient seuls, de plaine en plaine,
Sur des marais d'argent ou des routes en croix.

Les étoiles paraissent vivre.
Comme l'acier, brille le givre,
A travers l'air translucide et glacé.
De clairs métaux pulvérisés
A l'infini, semblent neiger
De la pâleur d'une lune de cuivre.
Tout est scintillement dans l'immobilité.

Et c'est l'heure divine, où l'esprit est hanté
Par ces mille regards que projette sur terre,
Vers les hasards de l'humaine misère,
La bonne et pure et inchangeable éternité.

S'il arrive jamais

Que nous soyons, sans le savoir,

Souffrance ou peine ou désespoir,

L'un pour l'autre ; s'il se faisait

Que la fatigue ou le banal plaisir

Détendissent en nous l'arc d'or du haut désir ;

Si le cristal de la pure pensée

De notre amour doit se briser,

65

Si malgré tout, je me sentais
Vaincu pour n'avoir pas été
Assez en proie à la divine immensité
De la bonté ;
Alors, oh ! serrons-nous comme deux fous sublimes
Qui sous les cieux cassés, se cramponnent aux cimes
Quand même. — Et d'un unique essor
L'âme en soleil, s'exaltent dans la mort.

Im-
primé à
Bruxelles, par
Alex. Berqueman
pour Edmond Deman,
libraire. Et fut achevé le
trentième jour du mois
de novembre de l'an
mil huit cent et
quatre-vingt
seize.

www.ingramcontent.com/pod-product-compliance
Lightning Source LLC
LaVergne TN
LVHW022119080426
835511LV00007B/906